TAI CHI CHUAN
pour enfants

Easy TAI CHI
for children

Dr Luce Condamine

L'Enfance de l'Éveil ®

à Alise,
à Iris,
en remerciement de leur aide si précieuse.

Merci également à Charles, Claire, Johan, Iola, Suzanne, Sidonie, Morgane, Loreleï, Clarisse, Lionel, Benoît, Noël, Marie, Benjamin, Maxime, Livia, Maddlie, Caroline, Nicolas, Florence, Astrid, Elodie, Corentin, et Juliette.
Pour tous les enfants, en espérant que le Tai Chi les aidera à développer leur plaisir de vivre.
À ma famille élargie, aux vrais amis... sans qui rien ne serait...
Merci beaucoup Breda, pour la version anglaise.

to Alise,
to Iris,
all my thanks for their inestimable help.

Thanks to Charles, Claire, Johan, Iola, Suzanne, Sidonie, Morgane, Loreleï, Clarisse, Lionel, Benoît, Noël, Marie, Benjamin, Maxime, Livia, Maddlie, Caroline, Nicolas, Florence, Astrid, Elodie, Corentin, and Juliette.
For all children, in the hope that Tai Chi will help them develop a pleasure for living.
To my extended family, to the real friends, whithout whom nothing would be.
Many thanks to Breda Murphy, for the English version.

Introduction for children

A very long time ago, in China while observing nature and animals, people realised that round and spiral movements could be stronger and more powerful than harder, straighter ones. This observation led in time to the creation of the martial arts named « internal » where there was no « external » outside force applied. The martial art of Tai Chi was born and it was realised that regular practise contributed to the health and strength of man. Here, I have chosen or adapted several Tai Chi exercises for children, just like you. It will help you to develop your suppleness, concentration, breathing, and more importantly, a consciousness of your own body. Children who do these exercises usually enjoy them. When they do them often and regularly, they can feel the improvement in their bodies : they become more supple and agile just like a cat. They feel the difference when they do sports and in their daily routine. If the exercises seem difficult at first, that is completely normal. Do not become discouraged and do not force yourself. Just keep doing Tai Chi just for the sheer pleasure of it, and little by little you will feel the benefit.

Introduction pour les enfants

En Chine, il y a très longtemps, en observant la nature et les animaux, on s'aperçut que la souplesse et les mouvements ronds ou en spirale pouvaient l'emporter sur la force dure et les mouvements tout droits. Cela contribua à la création d'arts martiaux dits « internes », pour lesquels on n'emploie pas la force musculaire « externe ». Le Tai Chi, art martial interne, était né, et l'on s'aperçut que sa pratique donnait aux hommes santé et vigueur. J'ai choisi ou adapté quelques exercices de Tai Chi pour les enfants. Ils t'aideront à développer ton équilibre, ta souplesse, ta concentration, ta respiration, et surtout, la conscience de ton corps. Les enfants qui pratiquent ces exercices s'amusent bien, et ceux qui s'entraînent souvent et régulièrement en tirent beaucoup de plaisir. Ils sentent combien leur corps progresse, devenant souple et agile comme un chat, quand ils font du sport ou dans la vie de tous les jours. Si, au début, certains exercices te paraissent difficiles, c'est normal, ne te décourage pas, ne te force pas, fais toujours le Tai Chi avec plaisir, et petit à petit tu sentiras tes progrès.

Quelques conseils

- Choisis des vêtements souples, qui ne gênent pas tes mouvements.
- Tu peux faire du Tai Chi tous les jours si tu veux, après l'école par exemple, ou avant le dîner. Quand tu viens de manger, il vaut mieux attendre un peu (au moins une heure) avant de commencer le Tai Chi, pour laisser ton corps digérer d'abord.
- Il y a de nombreux exercices de Tai Chi à faire avec un partenaire, c'est plus amusant ; mais les autres exercices, on peut les faire seul, à 2 ou à plusieurs, ou, pour les mouvements de la « forme », en imaginant un partenaire (on appelle cela « la boxe de l'ombre »).
- Tu peux faire tous les exercices d'un côté comme de l'autre, pour fortifier ton corps harmonieusement.

Some words of advice

- Choose comfortable clothes, ones in which you can move freely.
- You can do Tai Chi every day if you want. For instance, you can do it after school or before dinner. However, if you have just eaten it's better to wait at least an hour in order to give you a chance to digest your food.
- These are lots of Tai Chi exercises you can do with a partner, which is much more fun ; but other exercises can be done alone, or with two or more, or, for « form » movements, you can imagine a partner (this is called « shadow boxing »).
- All exercises can be done on both sides of the body, in order to strengthen the body harmoniously.

EXERCICES
PRÉPARATOIRES

PREPARATORY
EXERCISES

Le chat tranquille

« Petit retour sur moi-même » : bien installé(e) à genoux, je peux fermer les yeux.
Je pose la tête sur mes genoux, je laisse aller mes bras en arrière, je laisse mon dos
s'arrondir, je suis comme un gros chat qui ne se préoccupe pas du monde qui s'agite
autour de lui.

The calm cat

Kneeling forward, I close my eyes and I place my head on my knees, I let my arms fall gently beside me, I curve my back gently,
·I am like a big cat who's happy with himself and the world.

Première détente

Debout, je ferme les yeux, puis je laisse tomber en avant, doucement, ma tête, seulement la tête, puis la nuque, puis les épaules, le haut du dos... Je peux sentir le poids de mes bras qui sont lâchés et libres ; je sens le poids de ma tête au bout de mon cou, elle peut bouger librement, je ne la retiens pas... Je laisse s'enrouler mon dos, comme si j'étais une poupée de chiffon, je sens le moment où il n'y a que mes jambes qui me tiennent, et quand je décide de les laisser se plier, je me retrouve comme un pantin, tout(e) petit(e), accroupi(e), sans aucun effort.

First relaxation movement

I'm standing up with my eyes closed. I let my head only, fall gently forward, then the neck, then the shoulders and then the upper back. I feel the weight of my arms, relaxed and free. I feel the weight of my head at the end of my neck, now my head can move freely. I curve my back, like a ragdoll. When all my body is relaxed except my legs, I then bend them and I'm like a sleeping, squatting puppet.

Quand je décide de me relever, je commence par tendre les jambes, rien que les jambes. Je sens toujours mes bras bien lourds, ma tête bien lourde, que je ne retiens pas. Mon dos se redresse progressivement, de bas en haut, comme si je me laissais remonter par une grosse poulie. Quand mon dos est reconstruit, c'est au tour de mes épaules, puis de ma nuque, et enfin, en dernier, je redresse ma tête. Je peux alors ouvrir les yeux, et profiter du moment où je sens mon dos, mon cou et mes épaules tout légers...

When I want to stand up, I begin with my legs only. I can still feel my head and my arms which are heavy.My back straightens up gradually, from bottom to top, as if I'm being pulled up by a large pulley. I straighten my back, then my shoulders, my neck, and lastly my head. Now I can open my eyes, and I feel my back, my neck and my shoulders lighter.

Ouvrir les bras

Debout, les pieds un peu écartés, je replie les bras devant moi, puis je les ouvre, un peu vers l'avant. En même temps, je plie souplement les genoux à chaque fois.

Opening out the arms

Standing, with my feet a little apart I place my arms across my chest. Then I open them a little in front of me while at the same time, bending my knees.

L'Égyptien

Debout, de face, je tourne les épaules de profil, vers la droite, puis vers la gauche, comme les Égyptiens sur les fresques. Ma tête et mon bassin restent bien de face.

The Egyptian

I'm standing looking straight ahead. I turn my shoulders to the side, first on the right, then on the left, just like the Egyptians. My head and my pelvis are still in front.

Le ressort

Debout sur mes 2 jambes un peu écartées, je saute en l'air, en pliant les jambes et en les détendant comme des ressorts.

The spring

I'm standing with my feet slightly apart. I jump in the air, first bending my legs and then straightening them like a spring.

Le canard

Je m'accroupis, et je marche comme un canard qui se dandine, les pieds en dehors.

The duck

I squat. Then I turn my feet out slightly and waddle like a duck.

La grenouille

Accroupi(e), les bras autour de la tête, je sautille de tous les côtés, comme une petite grenouille dans l'herbe.

The frog

Squatting, hands around my head, I jump in all directions just like a little frog in the grass.

Le scribe et le chef indien

Je m'asseois d'abord en tailleur, et je me grandis, le dos bien droit, comme les scribes de l'Antiquité.
Je me redresse encore plus pour voir le plus loin possible, comme un chef indien d'Amérique.

The Scribe and the Indian chef

First, I sit cross-legged, lengthening my back, just like the Scribes in Antiquity.
Then I hold this position, straigthening up my back, looking as far away as possible, like an Indian chief.

Le Bouddha et la montagne

Pour m'asseoir comme Bouddha, je replie d'abord la jambe gauche, en posant le pied gauche sur la cuisse droite, puis je plie la jambe droite par dessus, en posant le pied droit sur la cuisse gauche. Certains enfants y arrivent facilement, mais le plus souvent, il faut d'abord s'entraîner un peu chaque jour, sans forcer, en repliant une seule jambe, puis l'autre, avant d'y arriver.
Une fois que cette position est confortable, je me sens grand(e) et tranquille comme une montagne. Je peux monter les bras pour faire le sommet de la montagne, ou poser les mains sur mes genoux et respirer tranquillement, comme si je dormais.

The Buddha and the mountain

To sit like Buddha, first I bend my left leg, putting my left foot on the right thigh and bending my right leg underneath. I put the right foot on the left thigh. Some children can do this easily, but usually it takes some practice. Just do a little every day. Just bend one leg then the other until you can do it comfortably.
Once this position is comfortable I feel big and calm, like a mountain. I can put up my arms to make the mountain summit or put my hands on my knees and breathe calmly as if I'm asleep.

En avant et en arrière

Debout, les jambes écartées comme pour un bon pas en avant, les genoux fléchis, je peux sentir le poids de mon corps, je m'amuse à le mettre complètement sur le pied avant (je pourrais soulever le pied arrière), puis complètement sur le pied arrière (je pourrais soulever le pied avant). En Tai Chi, on évite de laisser le poids du corps « au milieu », entre les 2 pieds.

At the front and at the back

Standing, legs apart, with one foot in front, knees bent, I can feel the weight of my body. It's fun to put all my weight on the leg in front (I can raise my back leg). Then I put the weight on the back leg (I can raise the front leg). In Tai Chi, we avoid putting body weight « in the middle », that is to say-between the two feet.

L'arbre

Debout, les jambes tendues et souples à la fois, les pieds écartés et parallèles, je suis solide comme un arbre avec ses racines. Je monte les bras, les mains à peu près à la hauteur de ma tête, comme une couronne de branches, toutes légères dans la brise. Tous ensemble, nous sommes une vraie forêt !

The tree

Standing with my legs apart and parallel, both straight and relaxed. I'm solid, like a tree with its roots. I raise my arms, my hands are about the same height as my head, like a crown of branches, light and free in the breeze. All together we are a forest !

EXERCICES TAOÏSTES

TAOIST EXERCISES

Chaque mouvement est fait de manière fluide, et répété une dizaine de fois. J'entraîne autant les 2 côtés de mon corps : pour les mouvements asymétriques, je pratique 10 fois pour le côté gauche et 10 fois pour le côté droit.

Every movement is done in a fluid way and repeated about ten times. I work both sides of my body. In order to be symmetrical, if I do one movement 10 times on the left, I do the same 10 times on the right.

Le Yin Yang du Tai Chi

Les pieds écartés de la largeur des épaules, je fléchis les jambes souplement, une fois en inspirant et en ramenant les mains un peu vers l'arrière ; en expirant, je fléchis les jambes une seconde fois, en montant les mains vers l'avant, jusqu'à la hauteur des épaules.

The Yin Yang of Tai Chi

With legs apart as wide as the shoulders, I bend my knees gently breathing in at the same time and bringing my hands back. Then I bend my legs again, breathing out and bringing my hands forward.

Ouvrir les ailes

Les bras croisés devant moi, je les ouvre comme des ailes pour m'envoler, en m'appuyant sur la jambe droite, puis je les ramène croisés, la main droite devant la main gauche. Ensuite, j'inverse, j'ouvre les bras en sentant le poids du corps vers la jambe gauche, puis je les ramène croisés, la main gauche devant.

Opening wings

With my arms crossed in front of me, I open them out like wings (as if I'm about to fly) while pushing down on the left leg. Then I cross my arms back again, putting the left hand in front of the right hand. Then I do the opposite. I open my arms and feel the weight of my body on the right leg, then I bring my arms back again to the crossed position, with the right hand in front.

Les vagues de la mer

Ma main gauche avance et monte devant mon épaule gauche pendant que ma main droite descend, en passant le poids du corps sur la jambe gauche, puis c'est l'inverse, ma main droite avance et monte pendant que ma main gauche descend, en passant le poids du corps sur la jambe droite. Ce sont comme des vagues qui montent et qui descendent.

Waves in the sea

My left hand goes out and up in front of my left shoulder while my right hand comes down. I put all my body weight on my left leg, then I do the opposite. My right hand goes out and up while my leg hand comes down. I put all my body weight on my right leg. It's just like waves in the sea.

Tourner les ailes à gauche et à droite

Comme un oiseau posé qui se retourne pour regarder derrière lui, je tourne d'abord vers la gauche, en gardant les coudes bien ouverts, et en laissant le talon droit se soulever un peu. Je reviens de face, puis j'inverse, je tourne vers la droite, en laissant mon talon gauche se soulever un peu, et enfin je reviens de face.

Turning wings

Like a sitting bird that turns around to look behind him, I first turn to the left, keeping my elbows a little away from the body, and turning with the tip of my right foot. I come back to the centre, then I do the same on the opposite side.

La roue à eau tourne

En gardant les 2 jambes tendues, je descends les mains devant moi, en suivant mon corps :
le tronc, les cuisses, les genoux, les tibias, les chevilles, et les pieds. Puis je fléchis un peu
les genoux, je remonte en soufflant, les bras tendus, les mains au-dessus de la tête.
Je recommence à descendre les mains le long de mon corps. J'enchaîne ce mouvement
plusieurs fois de suite, sans m'arrêter, et sans à-coup, pour ressembler à la roue d'un moulin
à eau, qui tourne toujours.

The water mill

Keeping my legs straight, I bring my hands down in front of me, touching my body as I do so : the trunk, thighs, and legs. Then I bend my knees, and come up breathing out with hands out stretched. I do this movement several times without stopping, like the wheel of a water mill which is constantly turning.

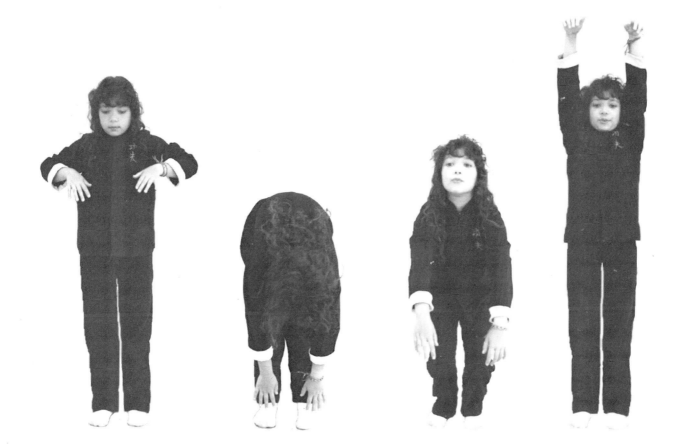

Le rhinocéros regarde la lune

Les doigts croisés, paumes des mains vers le sol, je descends les mains vers le sol, entre les 2 pieds, puis je remonte en soufflant, d'abord au-dessus de la jambe gauche, en me grandissant pour regarder vers le ciel, puis je redescends vers le milieu, et je remonte ensuite au-dessus de la jambe droite.

The rhinoceros looking at the moon

With my fingers interlaced, and the palms of my hands facing downwards, I move my hands down between my feet breathing in. Then I turn to the left, breathing out, looking at the sky. Then I come down in the middle breathing in, and turn to the right breathing out.

Le singe d'or offre des fruits

Les jambes plus écartées, les pieds regardant un peu vers l'extérieur, je descends les 2 mains ensemble entre les 2 pieds, comme pour cueillir des fruits par terre. Je remonte plus doucement, les mains le plus haut possible, puis je laisse mes bras s'ouvrir, en me grandissant (vers le haut et un peu vers l'arrière), comme pour offrir ces fruits.

The golden monkey offering fruit

With my legs slightly apart and my feet turned out a little, I bring my hands down together between my feet as if I'm picking up fruit. Then I get up keeping my hands as high as possible, stretching my back. I open up my arms wide as if I'm giving someone fruit.

La tortue sacrée nage

Les jambes fléchies, je nage doucement vers l'avant, en allongeant le dos le plus possible, à l'horizontale, comme une très grande tortue, puis je reviens, le dos droit, les coudes au corps, les mains à plat.

The sacred swimming tortoise

With my knees bent I « swim » gently stretching my back forward as much as possible, like a very big tortoise. Then I come back to my original position, my back straight, elbows by my sides with my hands flat.

La tête du dragon et la queue du phénix

Comme pour le Yin-Yang du Tai Chi, je fais une double flexion des genoux. A la première, je ramène les mains en arrière jusqu'aux hanches, à la deuxième, mes mains ensemble montent vers l'avant pour former la tête du dragon, pendant que ma jambe gauche se tend vers l'arrière, comme la queue du phénix. Quand je recommence le mouvement, c'est au tour de la jambe droite de se tendre vers l'arrière.

The head of the dragon and the tail of phoenix

As if I'm doing the « Yin-Yang of Tai Chi », I bend my knees twice. First, I bring my hands behind me as far as my hips, second, I bring my hands up together in front of me to make a dragon's head. At the same time I keep my left leg a little behind like the tail of the phoenix. Then I repeat this movement keeping my right leg a little behind.

Le Roi du ciel soutient son dos

Le bras droit au-dessus de la tête, le poignet gauche au creux de la taille, j'incline le buste vers ma gauche, en me grandissant le plus possible, trois fois de suite. Puis je change de côté : le bras gauche au-dessus de la tête, le poignet droit au creux de la taille, j'incline le buste vers ma droite, en me grandissant le plus possible, trois fois de suite.

The King of Heaven sustaining his back

With my right arm over my head, and the back of my left wrist touching my waist, I lean left and lengthen myself as much as possible. I do this 3 times. Then I do the same movement with the left arm.

Le Roi céleste Li soulève une tour

Les jambes un peu écartées, les bras ouverts sur le côté, je descends, en pliant les genoux, les paumes de mains regardant vers le sol, jusqu'à ce que les poignets touchent les genoux. En bas, je tourne les paumes de mains vers le ciel, puis je remonte, en tendant les jambes, les bras ouverts vers le haut.

The King of Heaven lifting a tower

With my legs slightly apart and arms open, I go down bending my knees, keeping the palms of my hands towards the floor until my wrists touch my knees. Then I turn my palms upward and I come back up.

Les grandes et les petites étoiles d'or

Les pieds un peu rapprochés, les bras lâchés le long du corps, je saute en écartant les pieds et en ouvrant les bras jusqu'au-dessus de la tête, où le bout de mes doigts se rejoignent tout en haut, puis je saute en rapprochant les pieds et en ramenant les bras le long du corps, et ainsi de suite, une fois ouvert, une fois fermé.

Big and small gold stars

With my feet close together and my arms down by my sides, I jump spreading my legs and opening my arms high up over my head with fingertips touching. Then I jump back to the original position. When I open my arms, I open my legs. When I close my arms, I close my legs.

QUELQUES MOUVEMENTS DE LA FORME OU
LA BOXE DE L'OMBRE

SHADOW BOXING

Commencement et cercle des bras

Je suis debout, les pieds l'un contre l'autre, les bras détendus le long du corps. J'écarte un pied et en même temps je ramène mes 2 mains au niveau des hanches. Je monte ensuite les 2 bras devant moi, jusqu'à ce que mes mains soient à la même hauteur que mes épaules, puis je les redescends aux hanches. Ensuite je fais un cercle des bras (en partant vers la droite), ma main droite arrive à la hauteur de mon cou, ma main gauche arrive au-dessus de ma tête.

Beginning

I'm standing up with my feet beside each other, hands by my sides. I move one foot to the side and at the same time bring my hands to hip level. I put my arms out until they are the same height as my shoulders, then I them fall to hip level. I make a circle with my hands (beginning at the right side), my right hand reaches my neck level and my left hand reaches up above my head.

Parer

J'avance le pied gauche et en même temps mon bras gauche se déploie devant moi, ma main gauche arrive à la hauteur de ma gorge tandis que ma main droite reste sur le côté droit.

Warding off

I move my left foot forward and at the same time I open out my left arm in front of me. I bring my left hand up to face level keeping my right hand on the right side.

Je peux aussi parer de la main droite, en avançant le pied droit ou le pied gauche, et faire un « parer » plus haut, à hauteur de ma tête.

I can also ward off with the right hand, with the right or the left foot in front, and ward off at head level.

Je peux également parer des deux mains, un bras plus allongé que l'autre, en avant, les paumes de mains se faisant face.

I can also ward off both hands. One arm is more outstretched than the other and the palms are facing each other.

Presser

J'ai le pied droit en avant et je presse avec la main droite, à la hauteur de ma poitrine.

Pressing

With my right foot in front I press forward, at chest level.

Je peux également presser des deux mains, ma main gauche au creux de mon poignet droit.

I can also press both hands, my left hand touching my right wrist.

Pousser

Un pied en avant, j'appuie avec une main vers l'avant, à la hauteur de l'épaule.
Je peux le faire également avec les deux mains devant moi.

Pushing

With one foot in front of me I push forward with one hand at shoulder height.
I can do the same movement with both hands in front of me.

Tirer

Le pied gauche en arrière, je recule le poids du corps et tout mon corps emmène mes mains vers le bas et l'arrière : la main gauche a la paume vers le ciel, la main droite a la paume vers le sol.

Pulling

With my left foot behind me my body weight goes back and I pull my hands down. The palm of the left hand is facing upward, the palm of the right hand is facing downward.

Simple fouet

J'arme la main droite, je ferme les doigts comme une tête d'oiseau, puis je pivote vers la gauche (sur le pied droit) en laissant le bras droit presque tendu, et je pose le pied gauche et pousse devant moi avec la main gauche.

Single whip

I arm my right hand, closing my fingers like a bird's head, and I pivot forward the left (on the right foot) keeping my right arm almost straight. I place my left foot firmly on the ground and I push in front of me with my left hand.

La grue blanche déploie l'aile droite

Le poids sur la jambe droite, je pose la pointe du pied gauche en avant, la main gauche est au-dessus du genou gauche, et je déploie le bras droit comme une aile vers le haut et l'avant.

The white crane spreads its right wing

With my weight on my right leg, I place the tip of my left foot in front. My left hand is just over my left knee and I spread my right arm out and up just like a wing.

Brosser le genou

Brosser le genou gauche : mon corps tourne vers la droite et ma main droite s'ouvre vers le ciel, puis j'avance le pied gauche et ma main gauche passe au-dessus du genou gauche, puis la main droite revient et pousse vers l'avant.

Brushing the knee

Brushing the left knee : I turn to the right opening my right hand skyward. Then I put my left foot forward and my left hand goes over my left knee while my right hand is pushing forward.

Je fais la même chose, symétriquement, pour brosser le genou droit.

I do exactly the same movement on the other side in order to brush my right knee.

Le coq d'or se dresse sur une patte

Je repousse la terre avec le pied gauche et je repousse le ciel avec la tête. En même temps, je soulève la jambe droite jusqu'à ce que le genou droit vienne toucher le coude droit qui est devant moi, la main droite levée.

The golden rooster standing on one foot

I push down with my left foot and I push up with my head, whilst simultaneously bringing up my right leg until my knee is touching my right elbow. My right hand is straight up at face level.

Coup de poing de haut en bas

Je tourne le corps et le pied gauche légèrement vers la gauche. Ma main gauche regarde le ciel et ma main droite forme un poing. J'avance le pied droit et j'abaisse mon poing droit devant moi, puis j'avance la main gauche qui pousse pendant que la main droite recule.

Punching from top to bottom

I turn my body and my left foot slightly to the left. My left hand is facing skyward and my right hand is closed in a fist. I put my right foot forward and I bring my right fist down. Then I push my left hand forward bringing my right hand back.

Coup de poing devant

J'avance le pied gauche et en même temps mon poing droit devant moi, la main gauche revient au niveau du coude droit devant mon corps.

Punching forward

I put my left foot forward while putting my right fist in front of me. My left hand comes close to my right elbow.

Coup de pied

Le pied gauche devant, ma main droite croise ma main gauche devant ma poitrine.
Je repousse la terre avec mon pied gauche et le ciel avec ma tête en donnant un coup du pied droit qui tourne vers la droite, en ouvrant les bras.

Kicking

With my left foot forward my right hand crosses my left hand in front of me. I push the ground with my left foot, and the sky with my head. I kick out and round with my right leg while opening my arms.

Je peux également donner un coup du pied gauche qui tourne vers la gauche, en ouvrant les bras.

I can also kick out and round with my left leg while opening my arms

EN MARCHANT

WALKING

Brosser le genou

Je brosse d'abord le genou gauche puis en avançant je brosse le genou droit, et ainsi de suite.

Brushing the knee

First, I brush the left knee, then moving forward I brush the right knee. I continue with the same movement, left then right, and so on.

Le coq d'or

Je repousse la terre avec le pied droit en levant le genou gauche vers le coude gauche, puis je pose le pied gauche devant moi et je repousse la terre avec le pied gauche en levant le genou droit et ainsi de suite.

The golden rooster

I push the ground with my left foot while raising my right knee in the direction of my right elbow. Then I place the right foot in front of me and I push down with my right foot raising my left knee. I continue the same movement alternatively left and right.

Les marches des animaux

Je fais des pas, en diagonale, en étant un animal.

Animal walks

I'm an animal, walking diagonally.

Le Tigre : j'arrondis le dos et je sors les grif fes sauvagement.

A Tiger : *I arch my back and I sprout nails wildly.*

Le serpent : je coule et je zigzague, un bras passant au-dessus de l'autre.

A snake : I slink and slide with one arm on top of the other.

L'ours : je suis très grand et très gros, je serre les poings et je me secoue de gauche à droite.

A bear : I'm very tall and very big. I make fists and I pound around from left to right.

Le singe : je suis petit et malin, j'ai les mains fermées, une au-dessus de la tête, l'autre au-dessous, je bondis sur un pied puis sur l'autre, en rapprochant le pied arrière.

A monkey : *I'm small and smart. My hands are closed. One hand is above my head, the other is under. I leap about from one foot to the other.*

La grue : je suis un oiseau, je me grandis en écartant les ailes, quand elles sont écartées le plus possible je pousse mon petit cri puis je les ramène en avançant.

A crane : I'm a bird. I'm straightening and spreading my wings out. When they are as wide as possible, I shout and then I bring them forward.

JEUX
EN FACE
À FACE

PLAYING
FACE TO FACE

Jeu du miroir

Je suis le miroir dans lequel se regarde mon partenaire, je fais exactement la même chose que lui, mais en face de lui.
Nous pouvons le faire sans se toucher les mains.

Mirror game

I'm my partner's mirror image. I do exactly the same as him, but opposite him.
We can do this without touching our hands.

Nous pouvons aussi le faire les mains en contact.

We can also do this touching our hands.

Jeu en aveugle

Je ferme les yeux et me laisse guider par mon partenaire (qui garde les yeux ouverts), il me tient par les poignets et me conduit : quand il avance, je recule, quand il recule, j'avance.
Puis on inverse les rôles, c'est lui qui ferme les yeux et c'est moi qui conduis.

Blind game

I close my eyes and I allow my partner (who keeps his eyes open) to guide me. He takes me by the wrists and leads me around.
When he goes forward, I go back, when he goes back I move forward.
Then we do the reverse, my partner closes his eyes and I lead him around.

Poussée d'une main à 2

Je fais successivement « pousser, presser, parer, tirer », pendant que mon partenaire fait « parer, tirer, pousser, presser ». Ensemble nous avons les mains comme « collées », nous gardons toujours le contact et restons très légers.

En changeant de partenaire, je m'aperçois que chacun est unique et notre poussée est à chaque fois différente.

Pushing hand with a partner

I do successively « push, press, ward off, pull » while my partner does « ward off, pull, push, press ». Our hands seem « glued » together. They stay joined all the time and we feel very light.

Changing partner I can feel that everyone is different and each « pushing hand with a partner » is a new experience.

EXERCICES COMPLÉMENTAIRES

COMPLEMENTARY EXERCISES

Course

Nous courons tous « doucement », tout autour de la salle, l'un derrière l'autre. Au signal, le premier de la colonne accélère et va rejoindre le dernier (sans couper le fromage). Chacun son tour est donc le premier puis le dernier. Quand tout le monde est passé à son tour, nous marchons.

Running

We all run « slowly » around the room one behind the other. At a given signal the first in line runs very quickly and catches up at the end of the line.

Galipettes

Nous passons chacun à notre tour sur les tapis : nous faisons des galipettes en avant.

Somersault

Everyone has a go on the mat doing somersaults : first forwards.

Puis nous faisons des galipettes en arrière.

Then backwards.

Chutes sur un tapis de judo

Je pars d'abord accroupi(e), dos au tapis, et je chute en arrière : c'est mon dos qui touche le tapis mais ma tête ne le touche pas (je la garde levée), quand mon dos s'est bien étalé de bas en haut, je laisse aller mes bras sur le tapis en le frappant avec les mains, ce qui amortit le choc. Après un peu d'entraînement, je peux partir de toute ma hauteur, dos au tapis, pour chuter en arrière.

Falling onto a tatami (judo mat)

First I begin by squatting, back to the mat. Then I fall backwards. My back touches the mat but not my head (I keep it straight up). When my back is very spread out I lay my arms on the mat hitting it with my hands, this helps to absorb the shock. With a little bit of practise I can fall back on the mat from a standing position.

La plage

Nous nous allongeons sur le dos et faisons comme si nous étions à la mer, étendus sur le sable tiède et accueillant. Les yeux fermés, je peux sentir la « trace » que fait mon corps sur la « plage ». Je sens d'abord le creux dans le sol, fait par mes talons, puis les mollets, les jambes tout entières s'appuient au sol, ainsi que le dos, qui s'étale. J'écoute ma respiration, calme et lente, qui fait comme une vague qui monte et qui descend dans mon ventre relâché. Ma pensée s'attarde au creux de mes mains, suivant chacun de mes doigts, puis suit chaque bras posé dans le « sable ». Mes mâchoires sont relâchées, et l'air passe librement au fond de ma gorge, mes joues se détendent, mon front s'agrandit et mes yeux donnent l'impression de « flotter » librement. Je laisse passer les images et les idées sans les arrêter. Quand j'ai assez profité de ce moment de détente, je laisse ma respiration s'accélérer, mon corps s'étirer comme un chat qui se réveille. Je tourne, je baille, je roule agréablement sur moi-même avant d'ouvrir les yeux et de me lever.

The beach

We lie down on our backs and imagine we are by the sea, relaxed on the warm, inviting sand. With my eyes closed I can feel the « mark » my body makes on the « beach ». I first feel the dent my heels make in the floor. Then I feel the calves of my legs, then the whole leg pressing down into the floor, then my back which is completely flat. I listen to my breathing, calm and deep. It's like a wave which rises and falls in my belly which is relaxed. My mind goes to my palms and all of my fingers and my arms. My jaws are relaxed and air passes freely at the back of my throat. My cheeks are relaxed, my forehead gets wider and I have the impression that my eyes float freely. I allow thoughts, images and ideas to pass freely through my mind, without stopping them. When I have had enough releasing time, I let my breathing becoming faster and I stretch just like a cat that has just woken up. I yawn and I roll about gently before opening my eyes and getting up.

Quelques références bibliographiques

- Wushu !
  the chinese way to family health and fitness
  material selected and translated by Timothy Tung
  Mitchell Beazley Publishers, London 1981

- T'ai-chi Touchstones : Yang Family Secret Transmissions
  compiled and translated by Douglas Wile
  Sweet Ch'i Press, New York 1983

- Taiji Quan, art martial ancien de la famille Chen
  T. Dufresne et J. Nguyen
  Budostore, Paris 1994

- Taijiquan : l'été (tome II)
  historique et tradition explosive
  écrit et édité par Georges Saby, 1999
  35 rue Claire Fontaine 44830 Brains France

Table des matières

Exercices préparatoires

Exercices taoïstes

Contents

Preparatory exercises

Taoist exercises

La boxe de l'ombre

Shadow boxing

L O U I S - J E A N

avenue d'Embrun, 05003 GAP cedex

Tél. : 04.92.53.17.00

Dépôt légal : 781 — Octobre 2000

Imprimé en France